W0403332

Wolfgang Link | Dr. med. Jürgen Voll

Low-Carb-Powerwoche

In 7 Tagen Vitalität gewinnen und Gewicht verlieren

Inhalt

Rezepte

Powerwoche Tag 4

Powerwoche Tag 5

Powerwoche Tag 6

Powerwoche Tag 7

Adieu, überflüssige Pfunde! – Willkommen, Vitalität und Lebensfreude!

Schluss mit Diäten und Abnehmfrust

Die Gewichtskurven tendieren nach oben. Die Bäuche werden dicker. Die Bewegung ist mangelhaft. Mehr als die Hälfte aller Frauen und gut zwei Drittel aller Männer haben hierzulande einen Body-Mass-Index (BMI) über 25 kg/m^2, rund ein Fünftel von ihnen überschreitet die BMI-Marke von 30 und gilt damit als stark übergewichtig (adipös). Mit steigendem Gewicht nimmt auch das Risiko für Erkrankungen zu, während die Lebensqualität sinkt.

INFO: **Der BMI drückt das Verhältnis von Körpergewicht zur Körpergröße (in Metern zum Quadrat) aus und ist eine Orientierungshilfe zur Beurteilung des Körpergewichts.**

Wie kann es sein, dass die Menschen immer dicker werden? Wo doch seit Jahrzehnten gemeinschaftlich auf die Fettbremse getreten wird und der Erfindungsreichtum bei Diäten und Lightprodukten nahezu grenzenlos zu sein scheint? Trotz eifrigem Fettaugen-, Punkte- und Kalorienzählen – die dauerhaften Erfolge bleiben aus. Nach der Diät ist vor der Diät – inklusive weiterer Pfunde zur Vorbeugung, falls wieder eine »Hungersnot« droht. Jo-Jo lässt grüßen.

Kurzfristige Diäten und frustrierende Fettsparmaßnahmen bringen offensichtlich nicht den gewünschten Erfolg im Kampf gegen die Pfunde, machen langfristig sogar dicker. Auch die Vitalität bleibt häufig auf der Strecke, weil der Organismus aufgrund unsinniger Einschränkungen nicht mehr ausreichend mit Stoffen versorgt wird, die er braucht, um fit und leistungsfähig zu bleiben.

Gibt es überhaupt eine Chance, dauerhaft Pfunde und Bauchumfang zum Schmelzen zu bringen und gleichzeitig Kraft zu tanken? Wir sagen »Ja!« und verraten Ihnen auch wie: Mit einer sättigenden, vitalstoffreichen Low-Carb-Ernährung – ganz ohne Kalorienzählen und Jo-Jo-Spielchen, dafür mit viel Genuss und Spaß.

Einfacher als mit unserer Powerwoche kann Ihr Start in die Low-Carb-Ernährung und zu mehr Vitalität und weniger Gewicht nicht sein. Wir begleiten Sie durch die ersten sieben Tage: mit hilfreichen Informationen, praktischen Tipps und mehr als 40 Powerrezepten, die Sie nach Ihren persönlichen Vorlieben miteinander kombinieren können.

Low-Carb

Der Begriff Low-Carb (aus dem Englischen von low = niedrig und carb als Abkürzung von carbohydrates = Kohlenhydrate) steht für eine Reduzierung der täglichen Kohlenhydratmenge auf weniger als 200 Gramm. Günstige Stoffwechseleffekte werden dabei im Bereich von 50 bis 150 Gramm Kohlenhydraten pro Tag erzielt.

Warum? Ein Übermaß an Kohlenhydraten lässt den Blutzucker ansteigen. Das daraufhin ausgeschüttete Insulin senkt ihn wieder ab. Was harmlos klingt, hat seine Tücken.

Stärke- und zuckerreiche Produkte wie Weißbrot, Teigwaren, Süßigkeiten oder gezuckerte Getränke lassen den Blutzucker rasant in die Höhe schießen. Schnell stellt die Bauchspeicheldrüse Insulin bereit – viel Insulin, das den Blutzucker bis unter das Ausgangsniveau abfallen lässt.

Was folgt ist eine Heißhungerattacke, die mit weiteren Kohlenhydraten bekämpft wird. Da ist das Kalorienlimit schnell überschritten. Die überschüssige Energie wird in Form von Fett gespeichert. Und das hält sich bei einer kohlenhydratreichen Ernährung recht hartnäckig: Die Anwesenheit von Insulin fördert nicht nur die Fettspeicherung, sondern blockiert auch die Fettverbrennung. Schlechte Voraussetzungen, um unliebsame Fettdepots abzubauen. Also: Runter mit den Kohlenhydraten und raus aus der Insulinfalle!

Gerade Menschen mit Übergewicht, erhöhten Blutfetten oder Typ-2-Diabetes profitieren von einer Low-Carb-Ernährung.

Low-Carb → LOGI

Die LOGI-Methode zählt mit einem Kohlenhydratanteil von 20 bis 30 Prozent der Gesamtenergie zu den moderaten Formen der Low-Carb-Ernährung. Mit LOGI werden die Blutzuckeranstiege und damit auch die Insulinspiegel gering gehalten, bei gleichzeitig optimaler Versorgung mit essenziellen Amino- und Fettsäuren, Vitaminen und Mineralstoffen.

Basis der LOGI-Ernährung sind kalorien- und kohlenhydratarme Lebensmittel wie Gemüse, Salate und Pilze, die mit ihrem hohen Wasser- und Ballaststoffgehalt für gut sättigende und dennoch energiearme Mahlzeiten sorgen. Hinzu kommen hochwertige Fette und Öle, zuckerarme Obstarten wie Beeren sowie fettreiche Avocados, Nüsse und Saaten. Ebenso wichtig: eiweiß- und wasserreiche Sattmacher wie Eier, Fisch, Milchprodukte, Fleisch und Käse. Auch Hülsenfrüchte punkten mit ihrem Eiweißgehalt und ebenso mit ihrer Fülle an Ballaststoffen.

Je nach Gesundheitszustand und körperlicher Aktivität können bei LOGI etwa 80 bis 130 Gramm Kohlenhydrate täglich gegessen werden. Da passen also durchaus auch Brot, Kartoffeln und Nudeln in den Speiseplan – oder auch mal ein Stück Kuchen. Allerdings in eher bescheidenen Portionen. Die LOGI-Pyramide hilft Ihnen dabei, sich zu orientieren.

Die Bilanz muss stimmen!

Wir haben versprochen, dass Sie keine Kalorien zählen müssen. Dazu stehen wir! Aber auch für LOGI gilt die unumstößliche Tatsache: Wer mehr Energie aufnimmt, als er verbraucht, wird nicht abnehmen! Keine Chance.

Wenn Sie jedoch die richtigen Nahrungsmittel auswählen und dazu noch Ihren Energieverbrauch ankurbeln (mehr dazu auf Seite 11), wird es Ihnen spielend gelingen, energetisch im »grünen Bereich« zu bleiben, auch ohne den Taschenrechner zu zücken und die verspeisten Kalorien minutiös zu addieren.

Gerade zu Beginn der Umstellung ist es jedoch sinnvoll, die tägliche Kohlenhydratmenge im Auge zu behalten. Zum Abnehmen sollten es nicht mehr als 80 Gramm pro Tag sein. Dies erreichen Sie auch ohne zu zählen, wenn Sie während der Powerwoche auf Lebensmittel der beiden oberen Stufen der LOGI-Pyramide verzichten. Später können Sie diese wieder einbeziehen. Sie kommen dann auf bis zu 130 Gramm Kohlenhydrate pro Tag und profitieren damit gesundheitlich immer noch.

Weniger Hunger, bessere Sättigung – so machen Sie Ihren Pfunden Beine!

Nichts ist schlimmer als ein ständig nagendes Hungergefühl. Mit LOGI können Sie essen, bis Sie satt sind. Dank der eiweiß- und fettbetonten Zusammensetzung der Kost und der vielen Vitalstoffe empfindet Ihr Organismus keinen Mangel und muss auch kein Notprogramm für schlechte Zeiten in Gang setzen.

Raus aus der Kohlenhydratfalle

Die Reduktion der Kohlenhydrate setzt die Hungerspirale außer Kraft. Die Lust auf zucker- und stärkehaltige Appetithäppchen zwischendurch verschwindet wie von selbst, und Sie nehmen automatisch weniger Kohlenhydrate und Kalorien zu sich.

Mit nur drei Mahlzeiten am Tag gönnen Sie Ihrem Organismus auch die nötige Auszeit für eine optimale Fettverbrennung: Dafür braucht er zwischen den einzelnen Mahlzeiten etwa vier bis fünf Stunden Zeit und niedrige Insulinspiegel.

TIPP: Werfen Sie beim Einkauf einen Blick auf die Zutatenliste. Oft verstecken sich Kohlenhydrate dort, wo man Sie gar nicht vermutet, z.B. in Tütensuppen, Ketchup oder Fertigsaucen. Sie können viele Namen haben, z.B. Glukosesirup, Dextrose, Fruktose, Maltose, modifizierte Stärke oder Invertzucker. Auch Light- und Diätprodukte müssen nicht zwingend kohlenhydratreduziert sein.

Eiweiß – der Nährstoff mit großem (Sättigungs-)Potenzial

Von den drei Hauptnährstoffen macht Eiweiß am besten satt und auch am längsten. Es sorgt für konstante Blutzuckerspiegel und verhindert Heißhunger. Der Zeitraum zwischen den einzelnen Mahlzeiten verlängert sich automatisch und generell wird weniger gegessen. Zur Verdauung von Nahrungseiweiß braucht der Organismus einiges an Energie, d.h. ein Teil der Kalorien, die darüber aufgenommen werden, wird sofort wieder verbraucht. Eine eiweißreiche Ernährung verhindert auch, dass der Körper in seiner Not zur Deckung seines Energiebedarfs auf wertvolles Muskeleiweiß zurückgreifen muss, wie es bei sehr niedrigkalorischen und eiweißarmen Diäten der Fall ist.

Wird Muskelmasse abgebaut, sinkt auch der Grundumsatz, also die Menge an Energie, die der Körper im Ruhezustand braucht. Schlecht fürs Abnehmen. Also: Eiweiß tanken und Muskeln schützen!

INFO: Keine Sorge, ein etwas höherer Eiweißkonsum schadet einer gesunden Niere nicht. Lediglich Menschen, die bereits an einer Nierenerkrankung leiden, sollten sich diesbezüglich mit Ihrem Arzt besprechen.

Viel Masse, wenig Energie

Mit einem gut gefüllten Magen fühlen wir uns satt. Hier spielen Volumen und Gewicht der Mahlzeit die entscheidende Rolle. Mit großen Portionen können Sie natürlich eine Menge Energie aufnehmen. Müssen Sie aber nicht! Wasser- und ballaststoffreiche Lebensmittel bringen so einiges auf die Waage und haben gleichzeitig eine niedrige Energiedichte, d.h. sie liefern weniger als 100 Kalorien pro 100 Gramm Gewicht. Von einer hohen Energiedichte spricht man ab 250 Kalorien pro 100 Gramm.

Gemüse, Nüsse, Hülsenfrüchte und Beeren sättigen durch ihren hohen Ballaststoffanteil und sorgen darüber hinaus für ausgeglichene Blutzuckerspiegel.

BEISPIEL: Die »Pikante Hähnchenkeule mit feurigem Gemüse« von Seite 38 bringt pro Portion 440 Gramm auf den Teller und in den Magen und liefert 390 Kalorien. Die Energiedichte des Gerichts liegt somit bei knapp 90 Kalorien pro 100 Gramm, also im niedrigen Bereich. Und das bei einem Fettanteil von mehr als 60 Prozent der Gesamtenergie. Das Fett führt also nicht zwingend zu einer hohen Energiedichte, sondern lässt sich durch die richtige Auswahl der begleitenden Lebensmittel problemlos in eine kalorienreduzierte Mahlzeit einbetten.

Für einen vergleichbaren magenfüllenden Effekt könnten Sie auch vier belegte Brötchen essen, die Sie jedoch mit mehr als 1.000 Kalorien ruckzuck in den Bereich der hohen Energiedichte katapultieren.

Auch trinken macht satt!

Etwa zwei bis drei Liter pro Tag benötigt der Mensch durchschnittlich an Flüssigkeit, unter besonderen Bedingungen auch mehr, z.B. bei hohen Temperaturen oder beim Sport. Etwa 1,5 Liter davon trinken wir. Den Rest liefern wasserreiche Nahrungsmittel wie Gemüse, Joghurt, Suppe und Salat. Auch mit Getränken lässt sich ein gewisser Sättigungseffekt erzielen. Aber das ist natürlich nicht der einzige Grund, warum Sie auf eine angemessene Trinkmenge achten sollten: Wasser erfüllt im Organismus lebensnotwendige Aufgaben, z.B. die Regulierung der Fließeigenschaften des Blutes oder den Nährstofftransport. Auf Vorrat trinken geht nicht, denn der Körper kann das Wasser nicht speichern. Das bedeutet: regelmäßig nachfüllen. Am besten mit kalorienfreien Getränke wie Wasser, ungesüßtem Tee oder Kaffee.

Achtung bei Softdrinks wie Cola, Limonaden oder Eistee. Da stecken jede Menge leere Kohlenhydrate drin. In einem halber Liter Eistee sind es z.B. mehr als zwölf Stück Würfelzucker. Auch Säfte haben es in sich.

Ernährung und Bewegung – das perfekte Duett!

Bringen Sie sich in Bewegung. Low-Carb und körperliche Aktivität ergänzen sich in Sachen Gewichtsreduktion ideal.

Als besonders effektiv gilt die Kombination aus eiweißreicher Ernährung und moderatem Krafttraining. Damit schützen Sie Ihre Muskulatur und steigern den Grundumsatz.

Mit einer kohlenhydratarmen Ernährung schaffen Sie zudem die notwendige Voraussetzung, um beim Ausdauersport auch tatsächlich Fett zu verbrennen und nicht aufgrund hoher Insulinspiegel nur Zuckerreserven aufzubrauchen.

Wem es schwer fällt, langfristig auf Kohlenhydrate zu verzichten, kann durch Bewegung Blutzuckerspitzen abfedern. Bewegung wirkt ähnlich wie Insulin, jedoch ohne dessen ungünstige Auswirkungen auf den Stoffwechsel. Gleichzeitig brauchen Sie dank regelmäßiger körperlicher Aktivität generell weniger Insulin zur Senkung des Blutzuckers.

Und ganz schlicht und ergreifend verbrennen Sie durch mehr Bewegung einfach auch mehr Kalorien. Hier ein paar Beispiele:

Sportliche Leistung (pro 15 Minuten)	Verbrauch in kcal
Fahrradfahren im Flachland (4 km in 15 Minuten)	100
Flottes Gehen im Flachland (1,5 km in 15 Minuten)	88
Inliner fahren (normales Tempo)	135
Joggen (2,5 km in 15 Minuten)	180
Nordic Walking	116
Schwimmen	160
Gymnastik	99
Fußball spielen	150
Tennis	115

Übrigens: Es muss nicht immer Sport sein. Auch der Alltag bietet viele Gelegenheiten zu körperlicher Aktivität: bei der Haus- und Gartenarbeit, wenn Sie mit dem Rad zur Arbeit fahren oder die Treppe statt des Liftes nehmen. Nutzen Sie jede Gelegenheit, um sich in Bewegung zu setzen. Eine Viertelstunde bügeln verbraucht immerhin schon 40 Kalorien, mit 15 Minuten Gartenarbeit verbrennen Sie schon fast das Dreifache.

TIPP: Zwei- bis dreimal pro Woche 30 bis 60 Minuten moderates Krafttraining (dazu kann übrigens auch Gartenarbeit zählen!) und ebenso oft Ausdauertraining – damit bewegen Sie sich auf der Erfolgsspur!

Saft- und kraftlos war gestern!

Mehr Vitalität trotz weniger Kalorien

Vielleicht haben Sie bei früheren Abnehmversuchen die Erfahrung gemacht, dass Ihre Leistungsfähigkeit mit zunehmender Diätdauer abgenommen hat und Sie sich ständig müde und abgeschlagen gefühlt haben.

Kein Wunder: Wer beispielsweise nach dem FdH-Prinzip an der Kalorienschraube dreht, reduziert auch den Anteil an essenziellen Fett- und Aminosäuren, Vitaminen, Mineralien und Spurenelementen, die für optimal ablaufende Stoffwechselprozesse, Fitness und Leistungsfähigkeit unverzichtbar sind. Auch sehr einseitige und höchst zweifelhafte Crashdiäten führen schnell zu einer Unterversorgung mit lebenswichtigen Substanzen. Mögliche Folgen: ein geschwächtes Immunsystem, Konzentrationsstörungen oder Leistungseinbußen. Von einer miesen Stimmung ganz zu schweigen.

Mit Ihrer Basis aus Gemüse, zuckerarmen Früchten sowie hochwertigen Fetten und Eiweißträgern sorgt die LOGI-Ernährung für eine optimale Versorgung mit allem, was der Organismus braucht – selbst bei eingeschränkter Energiezufuhr. Zudem unterstützen die wertvollen Inhaltsstoffe der Basisnahrungsmittel bei LOGI den Prozess der Gewichtsreduktion.

BEISPIEL: Gemüse und Obst liefern Vitamin C, Olivenöl, Nüsse, Leinsamen, Kohl und Avocados sind reich an Vitamin E, fetter Seefisch, Rapsöl, Leinöl und Walnüsse versorgen uns mit Omega-3-Fettsäuren: Zusammen haben sie einen positiven Effekt auf die Fettverbrennung.

Papayaquark mit Walnüssen

Für 2 Personen
Zubereitungszeit: 10 Minuten

- 250 g Magerquark
- 100 ml Milch (3,5 % Fett)
- 1 EL Honig
- 1 Vanilleschote
- 50 g Walnusskerne
- 1 Papaya (ca. 150 g)
- 1 Limette

1 Portion (ca. 285 g): 360 kcal, 23 g Eiweiß (26 E%), 20 g Fett (52 E%), 19 g Kohlenhydrate (22 E%)

01 Den Quark mit der Milch und ½ EL Honig cremig rühren. Die Vanille aus der Vanilleschote schaben und unter die Quarkmasse rühren.

02 Walnüsse in einer Pfanne ohne Fett goldbraun anrösten.

03 Papaya halbieren, entkernen, schälen und das Fruchtfleisch in 2 cm große Würfel schneiden. Die Limette von der Schale befreien und anschließend in 8 Scheiben schneiden. Den restlichen Honig in einer Pfanne erhitzen und die Limettenscheiben darin ca. 1–2 Minuten von beiden Seiten andünsten und mit dem Honig überziehen.

04 Die Quarkcreme in Schälchen geben, die Limettenscheiben darauf verteilen. Die Papayastücke sowie die Walnüsse darüber geben und servieren.

Buntes Omelett mit Schnittlauch

Für 2 Personen
Zubereitungszeit: 10 Minuten

- 2 Zwiebeln
- 1 rote Paprika
- ¼ Bund frischer Schnittlauch
- 100 g Kochschinken (ca. 4 Scheiben)
- 6 Eier (Größe M)
- 1 TL Butter
- Salz und Pfeffer nach Geschmack

1 Portion (ca. 330 g): 420 kcal, 32 g Eiweiß (31 E%), 29 g Fett (62 E%), 7 g Kohlenhydrate (7 E%)

01 Für das Omelett zunächst die Zwiebeln schälen und in feine Würfel schneiden. Paprika halbieren, Kerngehäuse entfernen, waschen und in kleine Würfel schneiden. Schnittlauch waschen, trocken schütteln und in Röllchen schneiden. Kochschinken in dünne Streifen schneiden.

02 Pro Portion drei Eier in einem Glas aufschlagen und mit einer Gabel gut verquirlen. Die Eimasse mit Salz und Pfeffer würzen.

03 In einer beschichteten Pfanne jeweils ½ TL Butter für ein Omelett erwärmen und die Eier hinzufügen. Die Eiermasse bei mittlerer Temperatur leicht stocken lassen.

04 Nun jeweils die Hälfte der Zwiebel- und Paprikawürfel, der Schnittlauchröllchen, und des Schinkens zugeben und weitere 2–3 Minuten fertig garen. Das Omelett noch in der Pfanne zusammenklappen und auf einem Teller anrichten. Mit dem zweiten Omelett ebenso verfahren.

05 Anschließend sofort servieren.

Kohlsuppentopf mit Bohnen und Schmand

Für 2 Personen
Zubereitungszeit: 15 Minuten

- 1 Zwiebel
- 1 Möhre
- 2 EL Rapsöl
- 300 g Spitzkohl
- 200 g weiße Bohnen (Abtropfgewicht, Dose)
- 250 ml Gemüsebrühe
- 1 TL Speisestärke
- 2 EL Wasser
- 50 g Schmand
- Salz und Pfeffer nach Geschmack

1 Portion (ca. 480 g): 310 kcal, 12 g Eiweiß (16 E%), 16 g Fett (47 E%), 28 g Kohlenhydrate (37 E%)

01 Die Zwiebel schälen und fein würfeln. Möhre schälen und in dünne Scheiben schneiden. Öl in einem Topf erhitzen und beides darin ca. 2–3 Minuten andünsten.

02 Den Spitzkohl von den äußeren Blättern befreien, waschen, den harten Strunk entfernen und in feine Streifen schneiden. Diese zu den Zwiebel- und Möhrenstückchen geben.

03 Die Bohnen abtropfen lassen, ebenfalls in den Topf geben und unterheben. Die Zutaten mit der Gemüsebrühe angießen und in etwa 6–8 Minuten fertig garen.

04 Die Speisestärke im Wasser lösen.

05 Den Spitzkohltopf mit Salz und Pfeffer würzen und die gelöste Speisestärke einrühren. Das Ganze kurz aufkochen lassen und in tiefen Tellern anrichten. Den Schmand als Topping auf die Kohlsuppe geben.

TIPP: Ersatzweise können Sie anstelle des Spitzkohls ebenso gut Weißkohl oder Wirsing verwenden.

Gebratene Hähnchenstreifen mit Currygemüse

Für 2 Personen
Zubereitungszeit: 20 Minuten

- 2 rote Zwiebeln
- 1 Stange Lauch (Porree)
- 1 Aubergine (ca. 250 g)
- 350 g Hähnchenschnitzel
- ½ TL Kümmelpulver
- 2 EL Olivenöl
- ½ EL Currypulver
- 100 ml Gemüsebrühe
- ¼ Bund frischer Kerbel
- Paprikapulver, Salz und Pfeffer nach Geschmack

1 Portion (ca. 380 g): 320 kcal, 38 g Eiweiß (42 E%), 20 g Fett (51 E%), 6 g Kohlenhydrate (7 E%)

01 Zwiebeln schälen und fein würfeln. Lauch vom Wurzelwerk befreien, längs halbieren, waschen und in feine Halbmonde schneiden. Die Aubergine nach Entfernen der beiden Enden waschen, längs vierteln und in 1 cm dicke Scheiben schneiden.

02 Die Hähnchenschnitzel waschen, trocken tupfen und in 1 cm dünne Streifen schneiden. Mit Kümmel, Salz und Pfeffer würzen.

03 1 EL Öl in einer Pfanne erhitzen, Zwiebeln, Lauch und Auberginen darin ca. 4–5 Minuten scharf anbraten. Mit Curry, Paprika, Salz und Pfeffer würzen. Anschließend das Gemüse aus der Pfanne nehmen und beiseitestellen.

04 In derselben Pfanne 1 EL Öl erhitzen und die Schnitzelstreifen etwa 4–5 Minuten darin anbraten. Das Gemüse dazugeben, mit der Gemüsebrühe angießen und alles insgesamt weitere 2–3 Minuten fertig garen.

05 In der Zwischenzeit den Kerbel waschen, entstielen und grob hacken.

06 Vor dem Servieren die Hähnchenstreifen mit Currygemüse auf Tellern anrichten und mit dem gehackten Kerbel garnieren.

Sellerie-Zucchini-Gratin mit Mozzarella

Für 2 Personen
Zubereitungszeit: 45 Minuten

- 200 g Sellerie (ca. ½ Knolle)
- 200 g Zucchini
- 150 g Mozzarella
- 1 Knoblauchzehe
- 2 g Oregano (getrocknet)
- 150 g stückige Tomaten (Dose)
- 80 g Schmand
- ½ Bund frischer Basilikum
- Muskat, Salz und Pfeffer nach Geschmack

1 Portion (ca. 350 g): 270 kcal, 13 g Eiweiß (20 E%), 20 g Fett (67 E%), 8 g Kohlenhydrate (13 E%)

01 Sellerie waschen, vom Wurzelwerk befreien und in reichlich Salzwasser ca. 10–12 Minuten kochen. Anschließend in kaltem Wasser abschrecken.

02 Zucchini nach Abschneiden der Enden waschen und längs in ca. 1 cm dicke Scheiben schneiden. Den Mozzarella ebenfalls in 1 cm dicke Scheiben schneiden.

03 Knoblauch schälen, fein würfeln und zusammen mit dem Oregano, einer Prise Salz und etwas Pfeffer in die stückigen Tomaten einrühren.

04 Den Backofen auf 180° Umluft vorheizen.

05 Sellerie schälen und in 1 cm dicke Scheiben schneiden.

06 In einer Auflaufform jeweils abwechselnd eine Lage Sellerie, Zucchini, stückige Tomaten und Mozzarella schichten. Dabei jede Schicht mit Muskat, Salz und Pfeffer würzen und die letzte Lage mit Schmand bestreichen.

07 Das Gratin im Ofen (Mitte) ca. 15–20 Minuten überbacken.

08 In der Zwischenzeit den Basilikum waschen und die Blätter abzupfen.

09 Gratin in Stücke teilen, mit Basilikum garnieren und auf Tellern servieren.

Mediterraner Salat mit Thunfisch

Für 2 Personen
Zubereitungszeit: 15 Minuten

- 2 rote Zwiebeln
- 1 Salatgurke
- 2 Fleischtomaten
- 1 gelbe Paprika
- ½ Bund frische Blattpetersilie
- 50 g schwarze Oliven (entsteint)
- 1 EL Aceto Balsamico (dunkel)
- 3 EL Olivenöl
- Saft von 1 Zitrone
- 200 g Fetakäse
- 1 Dose Thunfisch in Lake (125 g Abtropfgewicht)
- Salz und Pfeffer nach Geschmack

1 Portion (ca. 630 g): 665 kcal, 32 g Eiweiß (20 E%), 51 g Fett (69 E%), 17 g Kohlenhydrate (11 E%)

01 Zwiebeln schälen, halbieren und in feine Streifen schneiden. Die Gurke schälen, längs halbieren und in 1 cm dicke Halbmonde schneiden. Tomaten waschen, vom Strunk befreien und in grobe Würfel schneiden. Paprika halbieren, entkernen, waschen und ebenfalls in grobe Würfel schneiden. Petersilie waschen, entstielen und klein zupfen.

02 Oliven abtropfen, vierteln und mit den Zwiebeln, der Gurke, der Paprika und den Tomaten mischen. Den Salat mit Balsamicoessig, 1 EL Öl, Zitronensaft, Salz und Pfeffer marinieren.

03 Den Fetakäse in dünne Scheiben schneiden. Thunfisch abgießen und zerbröseln.

04 Die Käsescheiben kreisförmig auf dem Tellerrand anrichten. Den mediterranen Salat in die Mitte geben, mit dem Thunfisch und der Petersilie bestreuen.

05 Salat vor dem Servieren mit 2 EL Olivenöl beträufeln.

Auberginen-Ei-Sandwich mit gebratenem Paprikagemüse

Für 2 Personen
Zubereitungszeit: 20 Minuten

- 2 kleine Auberginen (ca. 300 g)
- ½ Bund frischer Basilikum
- 100 g Emmentaler-Käse
- 100 g Putenschinken (4 Scheiben)
- 2 Eier (Größe L)
- 1 rote Paprika (ca. 150 g)
- 1 Zwiebel
- 2 EL Olivenöl
- Paprikapulver, Salz und Pfeffer nach Geschmack

1 Portion (ca. 380 g): 460 kcal, 36 g Eiweiß (31 E%), 33 g Fett (63 E%), 7 g Kohlenhydrate (6 E%)

01 Auberginen waschen, trocken reiben und den Stielansatz abschneiden. Von den Seiten der Auberginen der Länge nach jeweils ca. 2 cm wegschneiden. Diese Abschnitte können in Würfel geschnitten und später zusammen mit dem Paprika in der Pfanne angebraten werden.

02 Die verbleibenden Auberginenstücke mit einem scharfen Küchenmesser der Länge nach in jeweils vier Scheiben schneiden und nebeneinander auf ein Küchenbrett legen. Basilikum waschen, trocken schütteln und die Blättchen abzupfen.

03 Die eine Hälfte der Auberginenscheiben jeweils mit Emmentaler, Putenschinken und einigen Basilikumblättchen belegen. Anschließend mit einer anderen Auberginenscheibe bedecken. Leicht andrücken. Von beiden Seiten mit Salz und Pfeffer würzen.

04 Eier in einen tiefen Teller geben, mit einer Gabel verquirlen und die Auberginensandwiches nacheinander so lange darin wenden, bis sie vollkommen mit Ei bedeckt sind.

05 Paprika halbieren, die Kerne entfernen, waschen und in ca. 1 cm große Würfel schneiden. Zwiebel schälen und fein würfeln. 1 EL Öl in einer beschichteten Pfanne erhitzen. Zwiebel- und Paprikawürfel (und ggf. die gewürfelten Auberginenstücke) darin ca. 6–8 Minuten kross und goldbraun anbraten. Mit Salz, Pfeffer und Paprika würzen.

06 1 EL Öl in einer weiteren großen, beschichteten Pfanne erhitzen und die Auberginensandwiches zunächst auf höchster Stufe von beiden Seiten scharf anbraten. Dann die Temperatur auf mittlere Stufe reduzieren und so lange weiterbraten, bis sie goldbraun sind.

07 Die Auberginensandwiches nochmals mit Salz und Pfeffer würzen und zusammen mit dem Gemüse anrichten.

Buttermilch-Brombeer-Smoothie

Für 2 Personen
Zubereitungszeit: 10 Minuten

- 200 g frische Brombeeren
- 200 g frische Himbeeren
- 100 ml Tomatensaft
- 1 TL Honig
- 250 g Buttermilch
- 2 Strohhalme

1 Portion (ca. 380 g): 140 kcal, 7 g Eiweiß (21 E%), 2 g Fett (13 E%), 21 g Kohlenhydrate (65 E%)

01 Brombeeren und Himbeeren verlesen und kurz unter fließendem Wasser waschen. In ein hohes Gefäß geben, das sich zum Mixen eignet.

02 Tomatensaft und Honig zufügen und alles mit einem Stabmixer pürieren.

03 Den fertigen Smoothie in Gläser füllen und die Buttermilch als Topping daraufgießen. Mit einem Strohhalm versehen und servieren.

Gedünstetes Lachsfilet im Sesam-Mohn-Mantel

Für 2 Personen
Zubereitungszeit: 25 Minuten

- 1 Zwiebel
- ¼ Knolle frischer Ingwer (ca. 30 g)
- 10 g Mohn
- 30 g Sesam
- 400 g Lachsfilet
- 300 g Blattspinat (frisch)
- 2 EL Sesamöl
- 80 ml Kokosmilch
- 50 g Frischkäse (Rahmstufe)
- 1 Zitrone (Bio)
- Salz und Pfeffer nach Geschmack

1 Portion (ca. 465 g): 645 kcal, 51 g Eiweiß (32 E%), 47 g Fett (65 E%), 5 g Kohlenhydrate (3 E%)

01 Zwiebel und Ingwer jeweils schälen und fein würfeln. Mohn zusammen mit dem Sesam in einer heißen Pfanne ohne Fett goldbraun anrösten.

02 Das Lachsfilet waschen, trocken tupfen und in vier gleich große Stücke schneiden. Mit Salz und Pfeffer würzen. Den Fisch anschließend in der Mohn-Sesam-Mischung wälzen und die Panade gut andrücken.

03 Einen Topf mit Dämpfeinsatz zur Hälfte mit Wasser füllen und dieses zum Kochen bringen. Die Lachsfilets zugedeckt über dem kochenden Wasser ca. 8–10 Minuten dämpfen.

04 In der Zwischenzeit den Spinat waschen und entstielen. Öl in einer Pfanne erhitzen und die Zwiebeln mit dem Ingwer darin ca. 1–2 Minuten anbraten. Den Spinat hinzufügen und weitere 3–4 Minuten anschwitzen. Das Ganze mit Kokosmilch ablöschen und mit Salz und Pfeffer würzen. Den Frischkäse kurz vor dem Servieren untermischen.

05 Die Zitrone achteln. Die Lachsfilets auf dem Spinatbett anrichten, etwas Fond darüberträufeln, die Zitronenecken anlegen und servieren.

TIPP: Wenn Sie keinen Topf mit Dämpfeinsatz haben, können Sie auch ein Sieb nehmen, welches über den Topf passt. Wichtig ist ein Deckel.

Putenkrusties mit Joghurt-Dill-Gurken

Für 2 Personen
Zubereitungszeit: 20 Minuten

- 400 g Putenschnitzel
- 1 Zwiebel
- 50 g Parmesan (am Stück)
- 1 Ei (Größe M)
- 25 g Sesam
- 1–2 g Basilikum (getrocknet)
- ½ TL Paprikapulver (edelsüß)
- 1 EL Rapsöl
- 1 Salatgurke
- 100 g Joghurt (1,5 % Fett)
- 1 EL Aceto Balsamico (hell)
- 1 EL Olivenöl
- ½ Bund frischer Dill
- Salz und Pfeffer nach Geschmack

1 Portion (ca. 510 g): 435 kcal, 27 g Eiweiß (25 E%), 32 g Fett (66 E%), 9 g Kohlenhydrate (9 E%)

01 Putenschnitzel waschen, trocken tupfen, in möglichst feine Würfel schneiden und in eine Schüssel geben. Zwiebel schälen und ebenfalls würfeln. Parmesan fein hobeln.

02 Die Putenfleischwürfel mit Zwiebeln, Parmesan, Ei, Sesam und Basilikum vermengen. Mit Paprika, Salz und Pfeffer würzen. Die Geflügelmasse anschließend zu esslöffelgroßen Talern formen.

03 Rapsöl in einer Pfanne erhitzen und das Fleisch darin von jeder Seite ca. 5–6 Minuten braten.

04 In der Zwischenzeit die Salatgurke schälen, längs halbieren und in feine Scheiben schneiden.

05 Für das Dressing Joghurt, Balsamicoessig und Olivenöl vermischen. Dill waschen, von den Stielen befreien und fein hacken. Mit Salz und Pfeffer würzen. Das Dressing über die Gurken gießen und alles vermengen.

06 Zum Servieren die Geflügelkrusties mit den Joghurt-Dill-Gurken auf Tellern anrichten und servieren.

Gebratenes Schweinefilet mit Sojasprossen

Für 2 Personen
Zubereitungszeit: 25 Minuten

- 300 g Schweinefilet
- ¼ Ingwerknolle (ca. 30 g)
- 4 Stangen Frühlingszwiebeln
- 1 rote Paprika
- 300 g Sojasprossen
- 2 Zweige Koriander
- 2 EL Kokosöl
- 1 EL Worcestersauce
- Saft von ½ Limette
- 1 Messerspitze Sambal Oelek
- Salz und Pfeffer nach Geschmack

1 Portion (ca. 425 g): 375 kcal, 44 g Eiweiß (48 E%), 15 g Fett (37 E%), 14 g Kohlenhydrate (15 E%)

01 Schweinefilet waschen, trocken tupfen, entsehnen und in 2 cm dicke Medaillons schneiden. Mit Salz und Pfeffer würzen.

02 Ingwer schälen und fein reiben. Frühlingszwiebeln waschen, putzen und in feine Röllchen schneiden. Paprika halbieren, die Kerne entfernen und die Hälften in 2 cm große Stücke schneiden. Die Sojasprossen unter fließendem Wasser abspülen und in einem Sieb abtropfen lassen.

03 Koriander waschen, trocken schütteln, Blätter abzupfen und in feine Streifen schneiden. 1 EL Kokosöl in einer Pfanne erhitzen und die Schweinefiletmedaillons darin 4–5 Minuten von jeder Seite braten.

04 In einer weiteren Pfanne (oder im Wok) das restliche Kokosöl erhitzen und den Ingwer zusammen mit den Frühlingszwiebeln, den Paprikawürfeln und den Sojasprossen 2–3 Minuten anbraten. Anschließend mit Worcestersauce, Limettensaft, Sambal Oelek, Salz und Pfeffer würzen und weitere 1–2 Minuten fertig garen.

05 Die Schweinefilets zusammen mit dem Sojasprossengemüse auf Tellern anrichten, mit Koriander bestreuen und servieren.

TIPP: Anstelle von Sambal Oelek können Sie auch eine frische Chilischote verwenden: nach dem Putzen in feine Streifen schneiden und unter das Sprossengemüse heben.

Römersalat mit Birnendressing und gebratenen Speckchampignons

Für 2 Personen
Zubereitungszeit: 15 Minuten

Für das Dressing:
- 2 EL Joghurt (1,5 % Fett)
- 2 EL Aceto Balsamico (hell)
- 1 EL Olivenöl
- Saft von ½ Limette
- 1 Birne (z. B. Williams Christ)
- Salz und Pfeffer nach Geschmack

Für den Salat:
- 4 Römersalatherzen (ca. 300 g)
- 1 Radicchio (ca. 100 g)
- 250 g Champignons
- 100 g Schinkenspeck
- 1 EL Olivenöl
- Salz und Pfeffer nach Geschmack

1 Portion (ca. 425 g): 265 kcal, 18 g Eiweiß (28 E%), 15 g Fett (51 E%), 13 g Kohlenhydrate (21 E%)

01 Für das Dressing Joghurt, Balsamicoessig, Öl und Limettensaft in einer Schüssel vermengen. Die Birne vierteln, vom Kerngehäuse befreien, schälen und in grobe Stücke schneiden. Zu den anderen Zutaten geben. Das Ganze mit einem Stabmixer pürieren und mit Salz und Pfeffer abschmecken.

02 Den Römersalat in einzelne Blätter teilen, waschen und trocken schleudern. Radicchio waschen, vom Strunk befreien und in feine Streifen schneiden.

03 Die Champignons putzen und in Scheiben schneiden. Den Schinkenspeck in feine Streifen zerteilen. Öl in einer Pfanne erhitzen und die Champignons mit dem Schinkenspeck darin ca. 3–4 Minuten scharf anbraten. Mit Salz und Pfeffer würzen.

04 In der Zwischenzeit den Römersalat und den Radicchio mit dem Dressing vermengen. Zum Servieren den Salat auf Tellern anrichten und die Champignon-Speck-Mischung darüber geben und servieren.

Pfirsichquark

Für 2 Personen
Zubereitungszeit: 10 Minuten

- 250 g Quark (Vollfett)
- 1 TL Honig
- Saft von 1 Zitrone
- 250 g frische Pfirsiche
- 50 g Cashewnüsse
- 30 g Kokosraspel
- ½ Bund frische Zitronenmelisse

1 Portion (ca. 320 g): 515 kcal, 21 g Eiweiß (17 E%), 36 g Fett (63 E%), 25 g Kohlenhydrate (20 E%)

01 Quark mit Honig und Zitronensaft verrühren.

02 Pfirsiche unter fließendem Wasser waschen, halbieren, entkernen und in kleine Würfel schneiden. Cashewnüsse und Kokosraspel unter die Pfirsiche mengen.

03 Im Wechsel den Quark und die Pfirsich-Nuss-Kokos-Mischung in Gläser schichten.

04 Zitronenmelisse waschen, trocken schütteln und die Blättchen vom Stiel befreien.

05 Die Quarkspeise vor dem Servieren mit den Melisseblättern dekorieren.

Klassisches Frühstück

Für 2 Personen
Zubereitungszeit: 10 Minuten

- 2 Roggenbrötchen
- 2 Scheiben Eiweißbrot (insgesamt 50 g, ca. 8–9 % KH-Anteil)
- 50 g Kräuterquark (Vollfett)
- 50 g Gouda (2 Scheiben)
- 1 Tomate
- ¼ Salatgurke
- einige Blätter Lollo bianco
- 50 g geräucherter Schinken
- Salz und Pfeffer nach Geschmack

1 Portion (ca. 230 g): 410 kcal, 27 g Eiweiß (27 E%), 19 g Fett (43 E%), 30 g Kohlenhydrate (30 E%)

01 Belegen Sie das Roggenbrötchen und das Eiweißbrot nach Belieben.

TIPP: Das Eiweißbrot vor dem Belegen toasten, damit sich die Röstaromen besser entfalten.

TIPP: Fragen Sie beim Bäcker nach Eiweißbrot oder Brot mit niedrigem Kohlenhydratanteil bzw. Low-Carb-Brot. Der Kohlenhydratgehalt sollte bei 8–10 Prozent liegen. Solche Brote werden inzwischen häufig angeboten.

Lauwarmer Spargelsalat mit Gurken-Nuss-Dressing

Für 2 Personen
Zubereitungszeit: 20 Minuten

- ½ Salatgurke
- 100 g getrocknete Tomaten in Öl (Abtropfgewicht)
- 1 rote Zwiebel
- 2 Eier (Größe M)
- 100 g Kochschinken (ca. 4 Scheiben)
- ½ Bund Schnittlauch
- 800 g frischer Spargel
- 4 EL Spargelwasser
- 30 g Erdnüsse (geschält, geröstet, ungesalzen)
- 30 g Kürbiskerne (geschält, geröstet, ungesalzen)
- 1 EL Olivenöl
- 1 EL Aceto Balsamico (hell)
- Salz und Pfeffer nach Geschmack

1 Portion (ca. 625 g): 500 kcal, 35 g Eiweiß (28 E%), 32 g Fett (58 E%), 17 g Kohlenhydrate (14 E%)

01 Salatgurke schälen, längs halbieren, entkernen und in feine Würfel schneiden. Getrocknete Tomaten in feine Streifen schneiden. Zwiebel schälen und fein würfeln. Eier ca. 8 Minuten kochen (hart), abschrecken, schälen und grob würfeln. Den Kochschinken in feine Würfel schneiden. Schnittlauch waschen und in Röllchen schneiden.

02 In der Zwischenzeit den Spargel sorgfältig schälen und von den Enden ca. 2 cm abschneiden. Den Spargel in reichlich kochendes Salzwasser geben und 4–5 Minuten kochen. Vor dem Abschütten etwas Kochwasser für die Marinade zurückstellen. Den Spargel abgießen und kurz in kaltem Wasser abschrecken, sodass er noch warm ist.

03 Erdnüsse und Kürbiskerne grob hacken und zusammen mit den zerkleinerten Gurken und Tomaten, den Zwiebelwürfeln, dem Schinken und den Eiern vermengen. Mit Öl, Balsamicoessig, Spargelwasser sowie einer Prise Salz und Pfeffer würzen.

04 Den Spargel in zwei tiefe Teller geben und das Gurken-Nuss-Dressing darauf verteilen. Mit den Schnittlauchröllchen bestreuen.

TIPP: **Außerhalb der Spargelsaison, die von Anfang April bis zum 24. Juni dauert, können Sie anstelle des frischen Spargels auch Tiefkühlspargel oder Spargel aus dem Glas verwenden.**

Linsensalat mit gebratenen Lachsstreifen

Für 2 Personen
Zubereitungszeit: 40 Minuten

- 100 g rote Linsen (getrocknet)
- 500 ml Wasser
- 1–2 Lollo rosso (ca. 200 g)
- 2 Fleischtomaten
- 1 Zwiebel
- ½ Bund krause Petersilie
- 1 gelbe Paprika
- 2 EL Aceto Balsamico (dunkel)
- 2 EL Rapsöl
- ½ TL Honig
- 150 g geräucherter Lachs
- 1 EL Chilifäden (getrocknet)
- Salz und Pfeffer nach Geschmack

1 Portion (ca. 470 g): 460 kcal, 30 g Eiweiß (27 E%), 20 g Fett (39 E%), 38 g Kohlenhydrate (34 E%)

01 Linsen waschen und in ½ Liter kochendem Wasser zugedeckt bei geringer Hitze 20 Minuten garen. Anschließend das restliche Wasser abgießen, die Linsen abtropfen und abkühlen lassen.

02 Den Lollo rosso putzen, waschen, in mundgerechte Stücke teilen und vorsichtig trocken schleudern. Tomaten waschen, vom Strunk befreien und fein würfeln.

03 Zwiebel schälen und ebenfalls fein würfeln. Die Petersilie waschen, trocken schütteln und grob hacken. Paprika halbieren, von Strunk und Kernen befreien, waschen und in feine Würfelchen schneiden.

04 Für die Vinaigrette den Balsamicoessig mit 1 EL Rapsöl, Honig, Zwiebelwürfeln, Petersilie, Salz und Pfeffer in einem hohen Gefäß mit einem Stabmixer pürieren.

05 Die Linsen mit dem Lollo rosso, den Tomaten und der Paprika in einer Schüssel mischen, die Vinaigrette darüber geben und ggf. mit Salz und Pfeffer nachwürzen.

06 Den Lachs in feine Streifen schneiden. 1 EL Öl in einer Pfanne erhitzen, den Fisch darin ca. 1–2 Minuten anbraten und mit Chilifäden würzen.

07 Den Linsensalat zusammen mit den Lachsstreifen anrichten.

Überbackenes Rinderfilet mit Camembert und Salzradieschen

Für 2 Personen
Zubereitungszeit: 25 Minuten

- 300 g Rinderfilet (4 dünne Scheiben)
- 2 Strauchtomaten
- 100 g Camembert (45 % F. i. Tr.)
- 1 EL Olivenöl
- 100 g gekochter Schinken (ca. 4 Scheiben)
- 1 Bund Radieschen (ca. 200 g)
- ¼ Bund frischer Kerbel
- Salz und Pfeffer nach Geschmack

1 Portion (ca. 340 g): 465 kcal, 53 g Eiweiß (46 E%), 26 g Fett (50 E%), 4 g Kohlenhydrate (4 E%)

01 Rinderfilet waschen, trocken tupfen und flach drücken. Anschließend mit Salz und Pfeffer würzen.

02 Tomaten waschen, den Strunk entfernen und in jeweils vier (ca. 1 cm dicke) Scheiben schneiden. Camembert in 4 Scheiben schneiden.

03 Backofen auf 180° Umluft vorheizen.

04 Öl in einer feuerfesten Pfanne erhitzen und die Rinderfilets darin ca. 2–3 Minuten von jeder Seite anbraten.

05 Das Fleisch nun jeweils mit 1 Scheibe Schinken, 2 Scheiben Tomaten und 1 Scheibe Camembert belegen und im Backofen (Mitte) ca. 5–6 Minuten gratinieren.

06 Währenddessen die Radieschen putzen, waschen, in feine Streifen hobeln und nach Geschmack salzen. Den Kerbel waschen, entstielen und grob zupfen.

07 Vor dem Servieren die Radieschen auf Tellern anrichten und die gratinierten Rinderfilets anlegen. Mit dem Kerbel garnieren.

Putenhacksteak mit lauwarmem Paprika-Kraut-Salat

Für 2 Personen
Zubereitungszeit: 20 Minuten

- 300 g Hähnchenbrustfilet
- 1 Ei (Größe L)
- 3 g Rosmarin (getrocknet)
- 1 TL Paprikapulver
- ½ Weißkohl (ca. 500 g)
- 1 rote Paprika
- 2 EL Olivenöl
- ½ TL Muskat
- ½ TL Kümmel
- 1 EL Aceto Balsamico (hell oder dunkel)
- 100 g saure Sahne
- Salz und Pfeffer nach Geschmack

1 Portion (ca. 500 g): 450 kcal, 44 g Eiweiß (40 E%), 24 g Fett (48 E%), 14 g Kohlenhydrate (12 E%)

01 Hähnchenfleisch waschen, trocken tupfen und in sehr feine Würfel schneiden.

02 Das gewürfelte Fleisch gut mit dem Ei und dem Rosmarin vermengen und anschließend mit Paprikapulver, Salz und Pfeffer würzen.

03 Den Weißkohl vom Strunk befreien und fein hobeln. Paprika halbieren, von Strunk und Kernen befreien, waschen und in kleine Würfel schneiden. 1 EL Öl in einer beschichteten Pfanne erhitzen. Weißkohl und Paprika ca. 3–4 Minuten darin anrösten und anschließend mit Muskat, Kümmel, Balsamicoessig, Salz und Pfeffer würzen. Die saure Sahne unterheben.

04 Die Hähnchenhackmasse zu 4 handflächengroßen Talern formen.

05 1 EL Öl in einer beschichteten Pfanne erhitzen und die Hacksteaks darin ca. 7–8 Minuten von jeder Seite anbraten.

06 Die Fleischtaler zusammen mit dem lauwarmen Paprika-Kraut-Salat servieren.

Gebratene Gemüsefrittata

Für 2 Personen
Zubereitungszeit: 25 Minuten

- 1 EL Rapsöl
- 1 rote Zwiebel
- 1 Stange Staudensellerie
- 1 Lauchstange
- 2 Paprikaschoten (rot, grün)
- 6 Eier (Größe M)
- 30 ml Milch (1,5 % Fett)
- 1 EL gehackte Petersilie
- Muskat, Salz und Pfeffer nach Geschmack

1 Portion (ca. 430 g): 350 kcal, 25 g Eiweiß (29 E%), 23 g Fett (59 E%), 10 g Kohlenhydrate (12 E%)

01 Öl in einer Pfanne erhitzen und die gehackte Zwiebeln darin ca. 1–2 Minuten glasig anbraten.

02 Sellerie und Lauch in etwa 1 cm dicke Scheiben schneiden. Die Paprikaschoten grob würfeln. Sellerie, Lauch und Paprika zu den Zwiebeln geben und ca. 4 Minuten mitgaren. Mit Muskat, Salz und Pfeffer würzen.

03 Die Eier mit der Milch und der Petersilie verquirlen und über die Gemüsemischung in der Pfanne gießen.

04 Die Eier-Gemüse-Mischung etwa 3–4 Minuten stocken lassen und auf beiden Seiten jeweils 3–4 Minuten goldbraun backen lassen. Die Frittata in vier gleich große Stücke teilen und jeweils zwei auf einen Teller geben.

Papaya-Morning-Shake

Für 2 Personen
Zubereitungszeit: 10 Minuten

- 200 g Heidelbeeren
- 2 Papayas (ca. 300 g)
- ½ Bund frische Minze
- 200 g Joghurt (3,5 % Fett)
- 150 ml Milch (3,5 % Fett)
- 1 TL Honig

1 Portion (ca. 390 g): 205 kcal, 8 g Eiweiß (16 E%), 7 g Fett (32 E%), 25 g Kohlenhydrate (52 E%)

01 Heidelbeeren verlesen und waschen. Papayas schälen, entkernen und grob würfeln. Die Minze waschen und die Blätter von den Stielen befreien.

02 Joghurt, Milch, Heidelbeeren, Papayas, die Hälfte der Minze und den Honig mit einem Stabmixer pürieren.

03 Den Shake in 2 Gläser füllen, mit der restlichen Minze garnieren und servieren.

TIPP: Sollten Sie keine frischen Heidelbeeren bekommen, können Sie tiefgekühlte Beerenfrüchte verwenden.

Pikante Hähnchenkeule mit feurigem Gemüse

Für 2 Personen
Zubereitungszeit: 70 Minuten

- 400 g Hähnchenkeulen (2 Stück)
- 1 TL mittelscharfer Senf
- 10 g Butter
- 4 Frühlingszwiebeln
- 1 grüne Paprikaschote
- 1 Knoblauchzehe
- 200 g passierte Tomaten
- 3 rote Zwiebeln (200 g)
- 1 EL Olivenöl
- 2 g Majoran (getrocknet)
- 6 Basilikumblättchen
- Salz, geschroteter Pfeffer und Chili nach Geschmack

1 Portion (ca. 440 g): 390 kcal, 30 g Eiweiß (30 E%), 27 g Fett (61 E%), 8 g Kohlenhydrate (8 E%)

01 Den Backofen auf 160° Umluft vorheizen.

02 Die Hähnchenkeulen waschen, trocken tupfen und mit Senf bestreichen. Mit Salz und geschrotetem Pfeffer würzen.

03 Eine Auflaufform mit Butter fetten.

04 Frühlingszwiebeln waschen, den Wurzelansatz entfernen und in feine Ringe schneiden. Paprika halbieren, von Stiel und Kernen befreien, waschen und in 2 cm große Stücke schneiden. Die Knoblauchzehe schälen und fein würfeln. Das Gemüse in die gefettete Auflaufform geben und die Hähnchenkeulen darauflegen. Die passierten Tomaten mit Salz, Pfeffer und Chili würzen und anschließend darübergießen.

05 Die Hähnchenkeulen ca. 50 Minuten im Ofen (Mitte) garen.

06 Währenddessen die Zwiebeln schälen, halbieren, in feine Streifen schneiden und zusammen mit Olivenöl und Majoran in einem kleinen flachen Topf mit hitzebeständigem Deckel für ca. 10 Minuten zu den Hähnchen geben.

07 Die Hähnchenkeulen mit der Tomaten-Gemüse-Sauce und den Zwiebeln auf Tellern servieren. Die Basilikumblätter als Dekoration anlegen.

Schweinefilet mit gebratenen Kressegurken

Für 2 Personen
Zubereitungszeit: 30 Minuten

- 350 g Schweinefilet
- 4 Scheiben roher Schinken (ca. 50 g)
- 4 frische Salbeiblätter
- 2 Salatgurken
- 1 Schale frische Kresse
- 2 EL Olivenöl
- 50 g Hüttenkäse
- Salz und bunter Pfeffer nach Geschmack
- 8 Zahnstocher

1 Portion (ca. 550 g): 370 kcal, 49 g Eiweiß (64 E%), 16 g Fett (38 E%), 7 g Kohlenhydrate (8 E%)

01 Schweinefilet waschen, trocken tupfen, von Sehnen befreien und in 4 gleich große Stücke schneiden. Mit Salz und buntem Pfeffer würzen. Anschließend die Filets jeweils mit einer Scheibe Schinken sowie einem Salbeiblatt belegen und mit einem Zahnstocher fixieren.

02 Gurken schälen, längs halbieren, von den Kernen befreien und in 1 cm dicke Scheiben schneiden. Die Kresse mit einer Schere abschneiden.

03 1 EL Öl in einer Pfanne erhitzen und die Filets darin von jeder Seite 6–8 Minuten anbraten.

04 Das restliche Öl in einer weiteren Pfanne erhitzen und die Gurken ca. 2 Minuten scharf anbraten. Kresse und Hüttenkäse zufügen. Mit Salz und buntem Pfeffer würzen.

05 Die Schweinefilets zum Gurkengemüse in die Pfanne geben und ca. 3–4 Minuten fertig garen.

06 Die Filets von den Zahnstochern befreien und zusammen mit dem Gurkengemüse servieren.

Geflügelsalat

Für 2 Personen
Zubereitungszeit: 20 Minuten

- 250 g Putenschnitzel
- 1 EL Olivenöl
- 150 g Kidneybohnen (Dose)
- 150 g Mandarinen (Dose, ungezuckert)
- 1 grüne Paprika
- 20 g Mayonnaise
- 50 g Frischkäse (Rahmstufe)
- 1 TL Currypulver
- 2 g Rosmarin (getrocknet)
- 2 Kopfsalate
- Salz und Pfeffer nach Geschmack

1 Portion (ca. 470 g): 324 kcal, 15 g Eiweiß (19 E%), 21 g Fett (58 E%), 18 g Kohlenhydrate (22 E%)

01 Die Putenschnitzel waschen, trocken tupfen, in feine Würfel schneiden und mit Salz und Pfeffer würzen.

02 Öl in einer Pfanne erhitzen und die Putenwürfel darin von allen Seiten ca. 6–8 Minuten braten, bis sie eine knusprige Kruste haben. Anschließend erkalten lassen. Kidneybohnen abtropfen lassen. Die Mandarinen in ein Sieb abgießen, den Saft auffangen.

03 Paprika halbieren, vom Kerngehäuse befreien, waschen und in feine Würfel schneiden. Das Putenfleisch mit Mayonnaise, Frischkäse, Kidneybohnen, Mandarinen und Paprikawürfeln vermengen und mit Currypulver, Rosmarin, Salz und Pfeffer abschmecken. Je nach gewünschter Konsistenz Mandarinensaft zum Geflügelsalat hinzufügen.

04 Die Salatköpfe vom Strunk befreien, waschen und in Blätter teilen. Zum Servieren die Kopfsalatblätter dekorativ an dem Geflügelsalat anrichten.

Staudenselleriesalat mit Speckwürfeln

Für 2 Personen
Zubereitungszeit: 25 Minuten

- 4 Stangen Staudensellerie (ca. 600 g)
- 2 rote Zwiebeln
- 1 Fleischtomate
- 150 g körniger Hüttenkäse
- 1 Orange
- 1 EL Traubenkernöl
- ½ TL Honig
- 1 TL Aceto Balsamico (hell)
- 100 g Bauchspeck (am Stück)
- 30 g Cashewnüsse (gehackt, ohne Schale)
- Salz und Pfeffer nach Geschmack

1 Portion (ca. 500 g): 690 kcal, 18 g Eiweiß (11 E%), 59 g Fett (76 E%), 22 g Kohlenhydrate (13 E%)

01 Staudensellerie waschen, putzen und in feine Halbmonde schneiden. Zwiebeln schälen, halbieren und in feine Streifen schneiden. Tomate waschen, vom Strunk befreien und grob würfeln. Nun Sellerie, Zwiebeln und Tomaten zusammen mit dem körnigen Hüttenkäse in einer Schüssel vermengen.

02 Die Orange von der Schale und der weißen Haut befreien. Die Fruchtfilets zwischen den Trennhäuten mit einem scharfen Messer herauslösen und den Saft dabei auffangen.

03 Für das Dressing 2 EL Orangensaft mit dem Traubenkernöl, dem Honig und dem Balsamicoessig verquirlen. Mit Salz und Pfeffer würzen, in die Staudenselleriemischung geben, alles vermengen und 10 Minuten durchziehen lassen.

04 In der Zwischenzeit den Bauchspeck in feine Würfel schneiden. Anschließend Cashewnüsse und Speckwürfel in einer Pfanne ohne Fett etwa 4–5 Minuten anrösten.

05 Zum Servieren den Selleriesalat auf den Tellern anrichten, die Nuss-Speck-Mischung darüber streuen und das Ganze mit den Orangenfilets garnieren.

Klassisches Frühstück

Für 2 Personen
Zubereitungszeit: 10 Minuten

- 2 Kürbiskernbrötchen
- 2 Scheiben Eiweißbrot (50 g, ca. 8–9 % KH-Anteil)
- 50 g Schmelzkäse (45 % F. i. Tr.)
- 50 g Blauschimmelkäse
- 100 g Weintrauben (hell)
- ¼ Salatgurke
- 50 g Roastbeef
- einige Blätter Lollo bianco
- Salz und Pfeffer nach Geschmack

1 Portion (ca. 240 g): 410 kcal, 25 g Eiweiß (25 E%), 19 g Fett (43 E%), 32 g Kohlenhydrate (32 E%)

01 Belegen Sie das Kürbiskernbrötchen und das Eiweißbrot nach Belieben.

TIPP: Anstelle des Blauschimmelkäses kann auch Camembert verwendet werden. Das Roastbeef kann auch durch kalten Braten ersetzt werden.

Erdbeer-Frucht-Salat

Für 2 Personen
Zubereitungszeit: 10 Minuten

- 1 Mango
- 100 g Tofu (natur)
- Saft von 1 Orange
- 50 g Walnüsse (gehackt)
- 10 g Weizenkleie (ca. 1 EL)
- 400 g Erdbeeren
- 4 Minzeblättchen

1 Portion (ca. 330 g): 360 kcal, 15 g Eiweiß (16 E%), 22 g Fett (55 E%), 25 g Kohlenhydrate (29 E%)

01 Mangos schälen und vom Kern befreien. Tofu abtropfen lassen und grob zerbröckeln. Mango und Tofu in einem hohen Gefäß mit einem Stabmixer pürieren. Die Orange entsaften. Den Orangensaft zum Gemisch im Mixer geben und nochmals pürieren.

02 Die Walnüsse und die Weizenkleie in einer Pfanne ohne Fett goldbraun anrösten. Die Erdbeeren vom Strunk befreien und vierteln.

03 Tofu-Frucht-Mousse, Erdbeeren und Walnüsse schichtweise in Schälchen einfüllen. Für 30 Minuten in den Kühlschrank stellen. Die Schalen aus dem Kühlschrank nehmen, mit den Minzeblättern garnieren und servieren.

TIPP: Außerhalb der Erdbeersaison können ersatzweise Heidelbeeren oder Himbeeren (auch aus der Tiefkühltruhe) verwendet werden.

Rinderhüftsteak mit Joghurttomaten

Für 2 Portionen
Zubereitungszeit: 25 Minuten

- 400 g Rinderhüftsteak (2 Stück)
- 1 Zwiebel
- 30 g Parmesan (am Stück)
- 1 EL Rapsöl
- 300 g Tomaten
- 4 Frühlingszwiebeln
- 100 g Joghurt (1,5 % Fett)
- 2 EL Aceto Balsamico (hell)
- 1 EL Olivenöl
- ½ Bund frischer Dill
- Salz, Pfeffer, Paprikapulver (edelsüß) und Kreuzkümmel nach Geschmack

1 Portion (ca. 475 g): 465 kcal, 51 g Eiweiß (45 E%), 24 g Fett (46 E%), 11 g Kohlenhydrate (9 E%)

01 Rinderhüftsteak waschen, trocken tupfen und mit Salz, Pfeffer, Paprikapulver und Kreuzkümmel würzen.

02 Zwiebel schälen und in feine Würfel schneiden.

03 Parmesan fein hobeln.

04 Öl in einer beschichteten Pfanne erhitzen und die Rinderhüftsteaks darin ca. 4–5 Minuten von jeder Seite braten. Nach ca. 3 Minuten die Zwiebeln dazugeben und mitbraten.

05 In der Zwischenzeit die Tomaten waschen, vom Strunk befreien, halbieren und in mundgerechte Ecken schneiden. Nach Entfernen vom Stielansatz die Frühlingszwiebeln waschen und in feine Ringe schneiden.

06 Für das Dressing Joghurt, Balsamicoessig und Olivenöl vermengen. Den Dill waschen, von den Stielen befreien und fein hacken. Mit Salz und Pfeffer würzen. Das Dressing über die Tomaten und die Frühlingszwiebeln gießen und vermengen.

07 Vor dem Servieren die Steaks gemeinsam mit den Zwiebeln mit den Joghurttomaten auf Tellern anrichten und mit Parmesan bestreuen.

Forellenfilet mit Kohlrabigemüse in Avocadosauce

Für 2 Personen
Zubereitungszeit: 30 Minuten

- 1 rote Zwiebel
- 1 Avocado
- 1 EL Olivenöl
- 150 ml Gemüsebrühe
- 1 TL Currypaste (Tube)
- 200 g Kohlrabi (ca. 2 Knollen)
- 4 Forellenfilets (à 60–80 g, küchenfertig)
- Saft von 1 Limette
- 100 g Sauerrahm
- Salz und schwarzer Pfeffer nach Geschmack

1 Portion (ca. 530 g): 470 kcal, 34 g Eiweiß (29 E%), 32 g Fett (62 E%), 10 g Kohlenhydrate (9 E%)

01 Zwiebel schälen und in feine Würfel schneiden. Avocado schälen, vom Kern befreien und in feine Würfel schneiden.

02 Öl in einer beschichteten Pfanne erhitzen und die Zwiebel- und Avocadowürfel ca. 1–2 Minuten darin anschwitzen. Mit Gemüsebrühe ablöschen. Die Currypaste dazugeben und mit etwas Pfeffer würzen. Anschließend für weitere 1–2 Minuten leicht köcheln lassen.

03 Backofen auf 120° Umluft vorheizen.

04 Kohlrabi schälen und in Streifen hobeln. 1 Liter Salzwasser in einem Topf zum Kochen bringen und die Kohlrabistreifen darin ca. 1–2 Minuten blanchieren. Das Gemüse anschließend abtropfen lassen und im Topf bei geschlossenem Deckel auf der Herdplatte warm halten.

05 Die Forellenfilets waschen, trocken tupfen, mit Limettensaft beträufeln und mit Salz und Pfeffer würzen.

06 Den Fisch danach in die köchelnde Currysauce legen und zugedeckt 4–5 Minuten garen lassen. Anschließend aus der Sauce nehmen und im Backofen (Mitte) warm stellen.

07 Die Kohlrabistreifen in die Currysauce geben, mit dem Sauerrahm verfeinern und ca. 1–2 Minuten köcheln lassen.

08 Zum Servieren das Kohlrabigemüse zusammen mit der Avocado-Curry-Sauce in tiefe Teller geben, den Fisch aus dem Ofen nehmen und auf dem Kohlrabigemüse platzieren.

Gefüllte Tomaten auf Eisbergsalat

Für 2 Personen
Zubereitungszeit: 25 Minuten

- 200 g frischer Spinat
- 1 Knoblauchzehe
- 4 große Fleischtomaten
- 1 EL Olivenöl
- 50 g Parmesan (am Stück)
- 100 g Kräuterfrischkäse (Rahmstufe)
- 1 Ei (Größe M)
- 1 Eisbergsalat
- 100 g Naturjoghurt (1,5 % Fett)
- Muskat, Salz und Pfeffer nach Geschmack

1 Portion (ca. 700 g): 390 kcal, 24 g Eiweiß (26 E%), 26 g Fett (60 E%), 14 g Kohlenhydrate (15 E%)

01 Spinat waschen, entstielen und abtropfen lassen. Knoblauch schälen und fein hacken. Die Tomaten kurz unter fließendem Wasser abbrausen, vom Strunk befreien, die Kappen abschneiden und mit einem Löffel aushöhlen. Die ausgehöhlten Tomaten beiseitelegen und das Innere der Tomate klein hacken.

02 Backofen auf 180° Umluft vorheizen.

03 Öl in einer Pfanne erhitzen und den Spinat mit dem Knoblauch ca. 2–3 Minuten anschwitzen. Die Spinatmischung beiseitestellen.

04 Den Parmesan hobeln. Den Frischkäse zusammen mit dem Ei und der Hälfte des Parmesans unter die Spinatmischung mengen und alles mit Muskat, Salz und Pfeffer würzen.

05 Die ausgehöhlten Tomaten mit der Masse befüllen und anschließend mit dem restlichen Parmesan bestreuen.

06 Nun die gefüllten Tomaten in eine Auflaufform setzen und im Ofen (Mitte) ca. 7–8 Minuten backen.

07 In der Zwischenzeit den Eisbergsalat waschen und in feine Streifen schneiden. Den Joghurt und das gehackte Tomateninnere unter die Eisbergstreifen heben und mit Salz und Pfeffer würzen.

08 Auf flachen Tellern die Tomaten auf dem Eisbergsalat anrichten und servieren.

Gratinierter Blaukrautauflauf

Für 2 Personen
Zubereitungszeit: 40 Minuten

- 250 g Aubergine
- 300 g Blaukraut (Rotkohl)
- 150 g Fetakäse
- 100 g rote Paprika (geschält, in Öl)
- 1 EL Olivenöl
- 50 g grüne Oliven (entsteint)
- 100 g Creme fraîche
- 100 ml Milch (1,5 % Fett)
- ½ Bund frischer Basilikum
- Kümmel (gemahlen), Salz und Pfeffer nach Geschmack

1 Portion (ca. 510 g): 550 kcal, 19 g Eiweiß (14 E%), 46 g Fett (76 E%), 13 g Kohlenhydrate (10 E%)

01 Aubergine waschen und nach Entfernen der Enden in ca. 1 cm dicke Scheiben schneiden. Blaukraut halbieren, vom Strunk befreien, in feine Streifen hobeln und diese waschen.

02 Backofen auf 160° Umluft vorheizen.

03 Fetakäse ebenfalls in 1 cm dicke Scheiben zerteilen. Die Paprika in einem Sieb abtropfen lassen und in feine Streifen schneiden.

04 Eine Auflaufform mit Olivenöl einfetten, die Auberginenscheiben hineinlegen und mit Salz und Pfeffer würzen. Den Feta, die Paprikastreifen und die Oliven darauf verteilen. Abschließend mit den Rotkrautstreifen bedecken.

05 Creme fraîche und Milch mischen. Den Basilikum entstielen, in feine Streifen schneiden und zufügen. Mit Kümmel, Salz und Pfeffer würzen.

06 Die Creme-fraîche-Masse auf das Schichtgemüse verteilen und im Ofen (Mitte) ca. 20 Minuten backen.

07 Gratin in Stücke schneiden und in tiefen Tellern servieren.

Exotische Quittenmuffins

Für 2 Personen
Zubereitungszeit: 35 Minuten

- 200 g Quitten
- 80 g Kokosflocken
- ½ TL Backpulver
- 1 EL Johannisbrotkernmehl
- 1 Ei + 1 Eiweiß (Größe M)
- 1 Prise Salz
- Vanillemark von 1 Schote
- 1 TL Agavendicksaft
- 20 g Butter
- 30 ml Kokosmilch (ungesüßt)
- 20 g Eiweißpulver (neutraler Geschmack)
- 4 Muffinförmchen aus Silikon oder alternativ ein mit Manschetten ausgelegtes Muffinblech

1 Portion (ca. 220 g): 460 kcal, 17 g Eiweiß (15 E%), 38 g Fett (73 E%), 13 g Kohlenhydrate (12 E%)

01 Backofen auf 180° Umluft vorheizen.

02 Quitten schälen, vierteln, Kerne entfernen und die Frucht in feine Spalten schneiden.

03 Kokosflocken, Backpulver und Johannisbrotkernmehl mischen. Das Eiweiß mit einer Prise Salz steif schlagen.

04 Das Ei zusammen mit Vanillemark, Agavendicksaft, Butter und der Kokosmilch schaumig rühren. Nach und nach das Eiweißpulver und die Kokosmischung zugeben und alles zu einem glatten Teig verrühren. Den Eischnee vorsichtig unterheben.

05 Den Teig auf die Muffinförmchen verteilen und die Quittenspalten darauf legen.

06 Im Backofen (Mitte) ca. 18–22 Minuten backen. Anschließend 15 Minuten erkalten lassen, aus den Förmchen nehmen und servieren.

TIPP: Außerhalb der Quittensaison (September bis November) können Sie anstelle der Quitten auch Birnen verwenden.

Blaubeerquark mit Himbeersauce

Für 2 Personen
Zubereitungszeit: 10 Minuten
Wartezeit: 1 Stunde

- 2 Blatt Gelatine
- 3 EL Wasser
- 1 Eiklar (von einem Ei Größe M)
- 200 g Magerquark
- Saft einer 1 Limette
- 100 g Blaubeeren
- 250 ml Wasser (für Wasserbad)
- 250 g frische Himbeeren
- 50 ml Wasser
- ½ Bund frische Minze

1 Portion (ca. 365 g): 155 kcal, 18 g Eiweiß (53 E%), 1 g Fett (7 E%), 14 g Kohlenhydrate (40 E%)

01 Gelatine für etwa 2 Minuten im kalten Wasser einweichen, dann ausdrücken und in eine Schüssel geben.

02 Das Eiweiß steif schlagen und beiseitestellen.

03 Den Quark zusammen mit dem Limettensaft und den Blaubeeren in eine Schüssel geben und das Ganze mit einem Stabmixer pürieren.

04 In der Zwischenzeit das Wasser im Topf aufkochen lassen und ein Wasserbad vorbereiten. Die Gelatine in der Schüssel über dem Wasserbad auflösen und anschließend löffelweise unter die Quarkmasse rühren. Dann vorsichtig den Eischnee unterheben. Die Masse für etwa 1 Stunde im Kühlschrank kalt stellen.

05 Die Himbeeren verlesen, kurz waschen, mit 50 ml Wasser vermischen und mit einem Stabmixer pürieren.

06 Auf einem Teller einen Himbeersaucenspiegel anrichten. Von der Blaubeerquarkmasse mit einem Esslöffel Nocken abstechen und auf die Fruchtmasse geben. Mit Minze dekorieren.

TIPP: Den Blaubeerquark schon am Vorabend vorbereiten. Am Morgen brauchen Sie dann nur noch die Himbeersauce zubereiten.

Gebratenes Seelachsfilet mit Spinatfüllung und Paprika-Quark-Dip

Für 2 Personen
Zubereitungszeit: 30 Minuten

- 400 g Seelachsfilet (2 Stück)
- 1 EL Olivenöl

Für die Füllung:

- 200 g frischer Blattspinat
- 1 Knoblauchzehe
- 100 g Frischkäse (Rahmstufe)
- 1 Ei (Größe M)
- Salz und Pfeffer nach Geschmack
- Zahnstocher

Für den Dip:

- ½ Bund frische Petersilie
- 1 rote Paprika
- 100 g Magerquark
- 50 ml Milch (1,5 % Fett)
- ½ Zitrone (Bio)

1 Portion (ca. 480 g): 420 kcal, 53 g Eiweiß (51 E%), 19 g Fett (40 E%), 9 g Kohlenhydrate (9 E%)

01 Seelachsfilets waschen und trocken tupfen. Mit einem spitzen Messer eine Tasche in jedes Filet schneiden. Die Filets von außen mit Salz und Pfeffer würzen.

02 Für die Füllung den Spinat waschen, die Blätter von den Stielen befreien und in grobe Streifen schneiden.

03 Die Spinatstreifen in 1 Liter kochendem Salzwasser ca. 1 Minuten blanchieren, anschließend in kaltem Wasser abschrecken. Kräftig ausdrücken.

04 In der Zwischenzeit den Knoblauch schälen, fein hacken und zusammen mit dem Frischkäse und dem Ei in einer Schüssel vermengen. Den Spinat zufügen, alles vermischen und mit Salz und Pfeffer würzen.

05 Die Filets mit der Spinatmasse füllen und jeweils mit einem Zahnstocher verschließen.

06 Öl in einer Pfanne erhitzen und den gefüllten Seelachs von jeder Seite ca. 4–5 Minuten braten.

07 Währenddessen die Petersilie waschen, trocken schütteln, entstielen und fein hacken. Einige Blätter für die Garnitur zurücklegen. Paprika halbieren, von den Kernen befreien, waschen und in feine Würfel schneiden.

08 Petersilie, Paprika, Quark und Milch mit einem Stabmixer pürieren. Mit Salz und Pfeffer abschmecken.

09 Zitrone in Ecken schneiden.

10 Vor dem Servieren Zahnstocher entfernen und die Filets zusammen mit dem Paprika-Quark-Dip auf Tellern anrichten. Mit Petersilie und Zitronenecken garnieren.

Bunter Hackbraten mit Rahmgemüse

Für 2 Personen
Zubereitungszeit: 40 Minuten

- 100 g Möhren
- 250 g Rinderhackfleisch
- 1 Ei (Größe L)
- 1 EL mittelscharfer Senf
- ½ Tasse Wasser
- 200 g Champignons
- 1 rote Paprika
- 1 gelbe Paprika
- 1 kleiner Rettich (ca. 300 g)
- 2 g Rosmarin (getrocknet)
- 2 EL Rapsöl
- 100 g Schmand
- ½ Bund Schnittlauch
- Salz und Pfeffer nach Geschmack

1 Portion (ca. 500 g): 670 kcal, 38 g Eiweiß (23 E%), 51 g Fett (68 E%), 15 g Kohlenhydrate (9 E%)

01 Backofen auf 160° Umluft vorheizen.

02 Möhren schälen und fein raspeln. Hackfleisch mit Ei, Senf und Möhrenraspeln mischen. Mit Salz und Pfeffer würzen.

03 Die Hackmasse in eine kleine, längliche Kastenform bringen und diese in eine Auflaufform setzen. Mit einer halben Tasse Wasser angießen. Den Hackbraten im Backofen (Mitte) 25–30 Minuten backen.

04 In Zwischenzeit Champignons putzen und vierteln. Paprika waschen, halbieren, entkernen und grob würfeln. Rettich schälen, längs halbieren und in feine Halbmonde schneiden.

05 10 Minuten vor Ende der Garzeit des Hackbratens in einer heißen Pfanne 2 EL Rapsöl erhitzen und die Champignons zusammen mit den Paprikawürfeln und dem Rettich ca. 4–5 Minuten scharf anbraten. Mit Rosmarin, Salz und Pfeffer würzen. Anschließend den Schmand hinzufügen und das Ganze unter gelegentlichem Rühren 4–5 Minuten fertig garen.

06 Den Hackbraten aus dem Ofen nehmen, portionieren und auf dem Rahmgemüse anrichten. Mit Schnittlauchröllchen bestreuen und servieren.

Gemüseeintopf mit Speck

Für 2 Personen
Zubereitungszeit: 30 Minuten

- 1 Gemüsezwiebel
- 1 EL Olivenöl
- 1 l Gemüsebrühe
- 200 g Möhren
- 1 kleine Knollensellerie (200 g)
- 1 Stange Lauch
- 1 Kohlrabi (100 g)
- 1 Tomate
- 150 geräucherter Speck
- ½ TL Majoran (getrocknet)
- 100 g Schmand
- Pfefferkörner, Lorbeerblätter, Muskat, Salz und nach Geschmack
- schwarzer Pfeffer aus der Mühle

1 Portion (ca. 950 g): 550 kcal, 28 g Eiweiß (13 E%), 47 g Fett (77 E%), 14 g Kohlenhydrate (10 E%)

01 Zwiebel schälen, halbieren und mit den Schnittflächen nach unten auf einem geölten (1 TL Öl) Stück Alufolie direkt auf der Herdplatte oder in einer Pfanne dunkelbraun anrösten. Die angerösteten Zwiebeln in einen großen Topf legen. Mit Gemüsebrühe aufgießen und nach Geschmack Salz, Pfefferkörner und Lorbeerblätter dazugeben.

02 Möhren, Sellerie, Lauch und Kohlrabi putzen, waschen und ggf. schälen. Gemüse anschließend in etwa 2 cm große Würfel schneiden und mit in den Topf geben.

03 Die Zutaten im Topf bei schwacher Hitze ca. 15–20 Minuten garen.

04 In der Zwischenzeit die Tomate einritzen mit kochendem Wasser überbrühen, enthäuten, vierteln und den Strunk herausschneiden. Tomatenviertel 1 Minute vor Ende der Kochzeit in den Topf geben.

05 Mit Salz, Pfeffer und etwas geriebener Muskatnuss abschmecken.

06 Bauchspeck in feine Würfel schneiden und ebenfalls zum Eintopf geben.

07 Majoran und Schmand vermengen und als Topping auf die servierfertige Gemüsesuppe geben.

Brotzeitteller mit Schwarzwurzelröllchen, Paprikaschiffchen und zweierlei Dips

Für 2 Personen
Zubereitungszeit: 45 Minuten

- 300 g Schwarzwurzeln (Abtropfgewicht, Glas)
- 120 g Roastbeef (6 Scheiben)
- 120 g Kochschinken (6 Scheiben)
- 1 rote Paprika
- 1 Stange Staudensellerie
- 1 Möhre
- 50 g Eiweißbrot (2 Scheiben)

Thunfisch-Frischkäse-Dip

- 1 kleine Zwiebel
- 1 gelbe Paprika
- 100 g Thunfisch (Dose, in eigenem Saft)
- 50 g Frischkäse (Rahmstufe)
- 1 TL Zitronensaft
- 1 TL Sesamöl
- Salz und Pfeffer nach Geschmack

Schafskäsecreme

- ½ Salatgurke ohne Kerne
- 20 g Pinienkerne
- 100 g Schafskäse
- ¼ Bund frische Petersilie (gewaschen, entstielt)
- Salz, Pfeffer und Paprikapulver (edelsüß) nach Geschmack

1 Portion (ca. 730 g): 735 kcal, 57 g Eiweiß (32 E%), 44 g Fett (56 E%), 21 g Kohlenhydrate (12 E%)

01 Zwiebel in grobe Würfel schneiden. Paprika in grobe Stücke schneiden. Thunfisch abtropfen lassen. Zwiebel, Paprika, Thunfisch und Frischkäse mit einem Stabmixer pürieren. Mit Zitronensaft, Sesamöl, Salz und Pfeffer abschmecken.

02 Gurke in grobe Würfel schneiden. Pinienkerne kurz in einer Pfanne ohne Öl anrösten. Gurke, Pinienkerne, Schafskäse und Petersilie mit einem Stabmixer pürieren und mit Paprika, Salz und Pfeffer abschmecken.

03 Die Schwarzwurzeln in einem Sieb abgießen. Roastbeef und Kochschinken nach Geschmack mit Dip bestreichen und die Schwarzwurzel darin einwickeln, sodass jeweils 6 Röllchen entstehen. Paprika in Schiffchen schneiden. Staudensellerie in 4 gleich große Stücke teilen. Die Möhre vierteln.

04 Auf einem Teller jeweils 3 Roastbeefröllchen, 3 Kochschinkenröllchen, Paprikaschiffchen, Staudensellerie und Möhren anrichten. Vor dem Servieren das Eiweißbrot toasten, die restlichen Dips mit auf den Tellern anrichten.

Sauerkirsch-Pistazien-Auflauf

Für 2 Personen
Zubereitungszeit: 40 Minuten

- 150 g Sauerkirschen (ungezuckert, Glas)
- 10 g Butter
- 1 Ei + 1 Eiweiß (Größe L)
- 1 Prise Salz
- Saft von ½ Zitrone
- 40 g Pistazien (geröstet, ungesalzen)
- Mark von 1 Vanilleschote
- 70 g Speisequark (Vollfett)
- 80 ml Milch (1,5% Fett)
- ½ TL Johannisbrotkernmehl

1 Portion (ca. 250 g): 335 kcal, 15 g Eiweiß (19 E%), 23 g Fett (63 E%), 15 g Kohlenhydrate (18 E%)

01 Backofen auf 160° Umluft vorheizen.

02 Die Sauerkirschen in einem Sieb abgießen und den Saft auffangen. Eine feuerfeste Auflaufform mit Butter ausstreichen und die Sauerkirschen gleichmäßig darin verteilen.

03 Das Eiweiß mit 1 Prise Salz und dem Zitronensatz steif schlagen.

04 Etwa ein Viertel der Pistazien für die Garnitur beiseitestellen. Den Rest mit einem Messer sehr fein hacken.

05 Das Ei mit Vanillemark, Pistazien und Speisequark in einer Schüssel verrühren. Nach und nach die Milch und das Johannisbrotkernmehl zugeben und alles kräftig vermischen. Den Eischnee vorsichtig unterheben und die Masse auf die Sauerkirschen verteilen.

06 Den Auflauf im Backofen (Mitte) ca. 25–30 Minuten backen. Anschließend portionieren und warm servieren.

TIPP: Den aufgefangenen Sauerkirschsaft mit 100 g Magerjoghurt mischen und als Joghurtdrink dazu servieren.

Eiweiß-Power-Smoothie

Für 2 Personen
Zubereitungszeit: 10 Minuten

- ½ Salatgurke
- 1 Avocado
- 150 g Quark (Vollfett)
- 200 ml Tomatensaft
- 200 ml Möhrensaft
- 1 EL Olivenöl
- Tabasco und Salz nach Geschmack

1 Portion (ca. 470 g): 360 kcal, 12 g Eiweiß (13 E%), 28 g Fett (70 E%), 15 g Kohlenhydrate (17 E%)

01 Gurke schälen, putzen und in grobe Stücke schneiden. Einige dickere Scheiben zum Garnieren beiseitelegen. Avocado längs halbieren, entkernen, schälen und in grobe Stücke schneiden.

02 Gurken- und Avocadostücke, Quark, Tomaten- und Möhrensaft sowie Öl zusammen in ein hohes Gefäß geben und mit dem Stabmixer pürieren.

03 Den Smoothie mit Tabasco und Salz würzen und auf zwei Gläser verteilen. Mit den Gurkenscheiben garnieren und servieren.

Blumenkohl-Bohnen-Topf mit Frischkäse

Für 2 Personen
Zubereitungszeit: 30 Minuten

- 1 Zwiebel
- 1 Möhre
- 2 EL Rapsöl
- 400 g Blumenkohl (1 Kopf)
- 200 g weiße Bohnen (Dose)
- 250 ml Gemüsebrühe
- 1 TL Speisestärke
- 2 EL Wasser
- 50 g Kräuterkäse (Doppelrahmstufe)
- Salz, Pfeffer und Muskat nach Geschmack

1 Portion (ca. 470 g): 295 kcal, 12 g Eiweiß (16 E%), 19 g Fett (57 E%), 19 g Kohlenhydrate (26 E%)

01 Zwiebel schälen und fein würfeln. Möhre schälen und in feine Scheiben schneiden. Öl in einem Topf erhitzen und die Zwiebeln und Möhren darin ca. 2–3 Minuten andünsten.

02 Blumenkohl putzen, waschen, vom harten Strunk befreien und in kleine Röschen teilen. Die Blumenkohlröschen zu den Zwiebel- und Möhrenstückchen geben.

03 Die weißen Bohnen abtropfen lassen und ebenfalls in den Topf geben. Die Zutaten mit der Gemüsebrühe angießen und in etwa 10–12 Minuten fertig garen.

04 Die Speisestärke im Wasser auflösen.

05 Den Blumenkohl-Bohnen-Topf mit Salz, Pfeffer und Muskat würzen und die gelöste Speisestärke einrühren. Das Ganze kurz aufkochen lassen und auf tiefen Tellern anrichten.

06 Den Frischkäse als Topping auf den Eintopf geben.

Zucchinisalat mit Krabben

Für 2 Personen
Zubereitungszeit: 20 Minuten

Für das Dressing:
- 2 EL Aceto Balsamico (hell)
- 3 EL Olivenöl
- 1 TL Senf
- 2 g Oregano (getrocknet)
- Salz und Pfeffer nach Geschmack

Für den Salat:
- 100 g Weintrauben (hell, kernlos)
- 100 g Schafskäse
- 100 g grüne Oliven (entsteint)
- 300 g Zucchini
- 50 g Pistazienkerne (geröstet, ungesalzen)
- 2 Lollo bianco (ca. 300 g)
- 150 g Krabben in Lake (servierfertig, z. B. Eismeerkrabben)
- Salz und Pfeffer nach Geschmack

1 Portion (ca. 510 g): 660 kcal, 31 g Eiweiß (13 E%), 50 g Fett (68 E%), 21 g Kohlenhydrate (19 E%)

01 Balsamicoessig, Öl, Senf, Oregano, Salz und Pfeffer zu einem Dressing verrühren.

02 Die Weintrauben waschen, von der Rebe lösen und halbieren. Den Schafskäse zerbröckeln, die Oliven abtropfen lassen und in Scheiben schneiden. Zucchini nach entfernen der Enden waschen und mit einer Gemüsereibe in Stifte hobeln.

03 Die Weintrauben mit dem Schafskäse, den Olivenscheiben, den Pistazien und den Zucchinistiften mischen. Das Dressing dazugeben und die Zutaten nochmals vermengen.

04 Den Lollo bianco in mundgerechte Stücke pflücken, waschen, trocken schütteln. Die Krabben in einem Sieb abtropfen lassen.

05 Zum Servieren die Salatblätter dekorativ auf den Tellern drapieren, den Zucchinisalat darauf verteilen und die Krabben darüberstreuen.

Gebratene Putenstreifen auf Kohlgemüse

Für 2 Personen
Zubereitungszeit: 25 Minuten

- 400 g Chinakohl
- 300 g Rosenkohl
- 4 EL Rapsöl
- 1 TL Sojasauce
- 300 g Putenschnitzel
- 20 g Sesam
- 20 g Haselnüsse (gemahlen)
- ½ Bund frischer Petersilie
- Salz und Pfeffer nach Geschmack

1 Portion (ca. 465 g): 425 kcal, 18 g Eiweiß (18 E%), 35 g Fett (75 E%), 8 g Kohlenhydrate (7 E%)

01 Chinakohl halbieren, vom Strunk befreien und in feine Streifen schneiden. Beim Rosenkohl die Strünke großzügig ausschneiden, die äußeren Blätter entfernen und die Röschen vierteln.

02 2 EL Öl in einer Pfanne erhitzen und den Rosenkohl darin ca. 6–8 Minuten von allen Seiten anbraten. Mit Sojasauce, Salz und Pfeffer würzen. Anschließend die Chinakohlstreifen dazugeben und alles weitere 4–5 Minuten fertig braten. Noch einmal mit Salz und Pfeffer nachwürzen.

03 In der Zwischenzeit die Putenschnitzel waschen, trocken tupfen und in 1 cm dünne Streifen schneiden. Mit Salz und Pfeffer würzen.

04 Sesam und Haselnüsse vermischen, die Putenfleischstreifen darin wälzen und die Sesam-Nuss-Panade gut andrücken.

05 In einer weiteren Pfanne 2 EL Öl erhitzen. Die Putenstreifen darin ca. 4–5 Minuten von allen Seiten goldbraun anbraten.

06 Die Petersilie waschen, trocken schütteln, abzupfen und fein hacken.

07 Das Kohlgemüse auf Tellern anrichten und die gebratenen Putenstreifen daraufgeben. Das Gericht mit Petersilie bestreuen und servieren.

Bunter Wurstsalat

Für 2 Personen
Zubereitungszeit: 15 Minuten

- 150 g Lyoner Wurst
- 150 g Emmentaler
- 150 g Essiggurken
- 2 Fleischtomaten (ca. 200 g)
- 1 Zwiebel
- ½ Salatgurke
- 2 gelbe Paprika (ca. 200 g)
- 2 EL Weinessig
- 2 EL Walnussöl
- ¼ Bund Kerbel
- Salz und schwarzer Pfeffer nach Geschmack

1 Portion (ca. 520 g): 670 kcal, 34 g Eiweiß (20 E%), 55 g Fett (72 E%), 14 g Kohlenhydrate (8 E%)

01 Wurst, Käse und Essiggurken in feine Streifen schneiden.

02 Die Tomaten waschen, Strunk entfernen und in kleine Würfel schneiden. Zwiebel schälen und ebenfalls fein würfeln. Salatgurke schälen, längs halbieren, mit einem Löffel entkernen und in feine Halbmonde schneiden. Paprika halbieren, Kerne entfernen, waschen und würfeln.

03 Alle Zutaten in eine Schüssel geben und mit Essig, Öl, Salz und Pfeffer marinieren.

04 Den Kerbel waschen und entstielen.

05 Den Wurstsalat auf tiefe Teller anrichten und mit Kerbel garnieren.

Impressum

Redaktion: systemed Verlag, Lünen
systemed GmbH, Kastanienstr. 10, 44534 Lünen
Lektorat: Susanne Bader, Weißach

Fotografie: Studio Reiner Schmitz, München

Umschlaggestaltung: Hauptmann & Kompanie Werbeagentur, Zürich
Satz: A flock of sheep, Lübeck

Druck: Druckerei Uhl, Radolfzell
ISBN: 978-3-942772-87-7

2. Auflage

systemed verlag

LOGI® DAS ORIGINAL BEI SYSTEMED